EL PRINCIPIO DEL FIN DE LA CORRUPCIÓN

Autor

Ernesto Panamá

Registro de autor N. 312234381

ISBN: 9781798760154

Titulo: El principio del fin de la corrupción

Autor: Ernesto Panamá

Ilustrador de portada: Oscar KEIN Cornejo

Publisher: Ernesto Panamá

Agradecimiento

En los años que llevo escribiendo Historia, No ficción, novela, cuentos cortos, cuentos infantiles, no ha faltado quién me dijera: "lo tuyo es el ensayo" y solo había escrito artículos sobre el tema.

Me atrae el tema de la política especialmente la geopolítica y estoy constantemente investigando, conociendo sobre este tema y esto me llevó a descubrir que los sucesos que se viven en el Siglo XXI están cambiando la forma en que se dirigió al mundo por más de sesenta y pocos de los ciudadanos del planeta se han cuenta de ello.

Inquieto como soy con las letras escribí un artículo relacionado con geopolítica y se lo envié a Juan José Dalton[1] quien acepto publicarlo y pasé a formar parte de los columnistas del periódico digital Contra Punto en donde semanalmente desde el mes de febrero del 2018[2] publico un escrito.

Al escribir revelo lo que la mayoría ignora pues la prensa tradicional publica como noticia lo que les envían del exterior sus fuentes tradicionales, las que se empeñan en ocultar la verdad, pues los verdaderos acontecimientos van en contra de quienes financian sus medios.

Sin duda el objetivo de la tarea no se logrará fácilmente, pues el hábito de la lectura no es algo que la mayoría de los gobiernos les haya preocupado en los últimos sesenta años.

Transcurridos cuatro meses y mas de 16 publicaciones, en Contra Punto he decidido hacer de la serie de artículos, un libro al que titulo "El principio del fin de la corrupción en *Washington D. C.*"

Este resulta ser entonces el primer libro de ensayo que público. Espero cumplir el objetivo.

Es por esta oportunidad que me ofreciera el Grupo Dalton que serán más frecuentes las publicaciones de Ensayos.

Introducción

EL PRINCIPIO DEL FIN DE LA CORRUPCIÓN

Este libro se basa en una serie de artículos publicados por el autor en la sección COLUMNISTAS[3] del Periódico digital Contra Punto[4].

En ellos se plasma la opinión del autor con respecto situaciones internacionales y nacionales aparecidas en publicaciones de diferentes medios noticiosos. Destacan entre los temas las acciones en contra la corrupción lleva adelante el gobierno norte americano que dirige el presidente *Donald J. Trump.*

El contenido de la obra incluye enlaces sobre los temas tratados, con la intención de que el lector si tiene interés pueda profundizar sobre ellos.

Se pretende con este escrito proveer al lector de información de forma resumida que no encontrará en los medios de prensa locales a los que normalmente tiene acceso y quienes ocultan a propósito los verdaderos acontecimientos y además el lector dispone de poco tiempo para investigar.

ERNESTO PANAMÁ

Contenido

LA ELIMINACIÓN DE LA CORRUPCIÓN EN WASHINGTON D. C.

27 de febrero 2018

Drenando el pantano. (*Drain the Swamp*)

La corrupción en el continente americano tiene origen en los EE. UU. y allí se encuentra la sede de los operadores causantes de los daños y penurias que sufren sus ciudadanos y los países desde México hasta el Cono Sur.

La tecnología ahora nos permite informarnos a través de diferentes medios que la prensa local y aprender como los ejecutores del plan por establecer el mundo global, en la actualidad retroceden y pierden poder.

El fin de su despotismo se acerca.

Muchas batallas están aún por darse y esto debería motivarnos a participar si es que deseamos acabar con este poder tiránico que amenaza con volverse permanente.

Más de sesenta años trascurren sus miembros instalando este sistema corrupto, el que conduce a los pueblos de América a sufrir el distanciamiento entre naciones, guerras ideológicas, pérdida de soberanía, extranjeros a cargo de explotar nuestra riqueza, servicios y, además, se les privó del derecho de ejercer la democracia.

La instalación de este sistema para considerarse operacional debe contar con la complicidad de las élites de poder locales en los diferentes países, quiénes se vuelven cómplices del poder que se conoció como el Nuevo Orden Mundial y al que en EE. UU. se le conoce como Gobierno en la Sombra.

El Nuevo Orden Mundial al que en adelante llamaré por sus años de operación el Viejo Orden Mundial (V. O. M.) son los se encargado de instruir a las élites locales de que una vez endeudado el gobierno, la siguiente etapa es la de apropiarse de los entes políticos y luego deberán tomar a los medios de difusión controlando su financiamiento. Deberán luego proceder a establecer una clase de funcionarios públicos, privados y de políticos asalariados que sirvan a sus intereses. Asegurado con esta estructura facilitar finalmente el control de la voluntad de las masas y a la vez su continuidad en el poder en diferentes naciones.

Los oligarcas locales entonces actúan como los dueños del destino de sus pueblos. Ellos controlan las estructuras políticas, comerciales, social y se enriquecen del erario publico; pero no se preocupan de mejorar los sistemas educativos, no generan nuevos empleos en estos países, además, se provoca el irrespeto a los valores sociales, morales, de familia y finalmente el descontento y caos generado con el sistema conduce a que sus mejores hombres y mujeres migren en busca de mejores oportunidades.

Esta es la situación en la que hoy se encuentran varias naciones en América y el mundo, incluyendo a los Estados Unidos de Norteamérica.

Por la necesidad de eliminar este mal, decidí titular este libro: La eliminación de la corrupción en *Washington D. C.*

La historia de los EE. UU., y del resto de América en este contexto no puede tratarse de forma aislada, pues la riqueza e influencia del primero es la que ha dirigido el destino del mundo sin excepciones.

Trataré de resumir lo expresado en la introducción, a partir del fin de la Segunda Guerra Mundial[5], hasta nuestros días.

Este ciclo abarca más de setenta años (1945 -2018). En el primer período se consolidan el poder financiero y el de los fabricantes de armas, en el segundo período el Gobierno en la Sombra es capaz de elegir a asalariados gobernantes y expande su influencia por todo el mundo. Vivimos el tercer y último periodo, período en el que los pueblos y nuevos líderes se dan cuenta de que la soberanía y libertad de sus pueblos no deben seguir sometidas a la voluntad de unos pocos que pretenden establecer la dictadura mundial.

En la etapa que vivimos, la segunda década del siglo XXI, se registran acontecimientos novedosos que deben analizarse con detenimiento pues sus antecedentes son poco conocidos y esto dificulta su comprensión.

Se ejecuta en los últimos dos años (2016 -2018) una ofensiva estudiada, planificada, coordinada y enriquecida por la experiencia asimilada durante los fallidos intentos de *John F Kennedy* y *Ronald Reagan* por detener el avance de este poder dictatorial destructivo que se ha venido expandiendo casi sin oposición por más medio siglo.

Por primera vez la oportunidad de derrotar al V. O. M. parece tener más probabilidades de éxito que antes, pues no se menosprecia su poder y se conocen sus debilidades y fortalezas.

Un cambio de era predijeron los abuelos mayas y pareciera que esto se referían al anunciarlo. Los ciudadanos de América y el mundo merecemos un futuro mejor.

Recorriendo el pasado

Finalizada la Segunda Guerra Mundial en 1945, las naciones son polarizadas por las potencias emergentes que disponen a controlar el destino de la mayoría de las naciones en el planeta. A este esquema se le denomina la Guerra Fría y resulta ser un estado de guerra permanente, con el que se condiciona la mente de la población mundial y cuyo desarrollo se extiende desde 1947 hasta 1985, en este período se dan por lo menos 73 guerras[6], permitiendo a los fabricantes de armas y al sector financiero acumular enorme riqueza y poder.

Fue en el años 1961 que el presidente de los EE. UU., *Ike Eisenhower*[7] al finalizar su segundo período presidencial en su discurso de despedida denuncia que la industria del armamento se está convirtiendo en una amenaza para la democracia de ese país y que esto debe evitarse.

Los fabricantes de armas para continuar el desarrollo de su negocio deben contar con autorizaciones del gobierno, aprobación de leyes y acuerdos por la que necesitan controlar piezas claves dentro de las distintas ramas del gobierno; mientras tanto una familia de origen judío alemán involucrada en la banca desde 1760, ha llevado exitosamente el plan para controlar la banca central mundial y está muy interesada en crecimiento del complejo fabricante de armas.

Ante la advertencia presidencial en el año 1961, pareciera que nadie tomó acción.

Pero si revisas la historia encuentras personajes que intentaron hacer algo al respecto, lastimosamente menospreciaron el poder de los enemigos. Dos presidentes de los EE. UU, lo intentaron y uno de ellos que pago con su vida y el otro sobrevive a varios atentados sin lograr su cometido.

Me refiero en el primer caso al presidente *John F. Kennedy*[8], quien fue asesinado en noviembre de 1963; *Kennedy* es asesinado luego dar a conocer que combatiría a las sociedades secretas y haber firmado, además, una orden ejecutiva (la que aún está vigente) con la que planeaba emitir moneda circulante con respaldo de las reservas de plata en poder el gobierno; esta cambio de política monetaria hubiese acabado con el control que la Reserva Federal (Banco Central de EE. UU.) sobre el dólar y el gobierno pues maneja la emisión de moneda en los EE. UU.

Cuatro períodos presidenciales trascurren con presidentes al servicio del V. O. M. hasta que es electo *presidente Ronald W. Reagan*[9] en 1981, quien gobierna hasta 1989. Sobre el presidente *Reagan* la mayoría conocemos uno de los muchos atentados que en contra su vida. Él sobrevive a su mandato, logrando únicamente retrasar la implementación de los planes del conocido como Gobierno Profundo.

Pareciera que los presidentes *Kennedy* y *Reagan*, menospreciaron la capacidad y poder de sus enemigos pues incluso desconocieron que sus vicepresidentes *Lyndon B. Jhonson y George H. W. Bush*, formaban parte de la estructura del Gobierno Profundo que ellos intentaron combatir sin éxito.

A finales de 1989 cae el Muro de Berlín[10], le sigue el fin de la U. R. S. S[11]. el que se prolonga del año 1990 hasta 1991 año en el que llega a su fin el Pacto de Varsovia[12].

En el año 1990 el trabajo previo desarrollado a partir de 1979 por Deng Xiaoping líder de China da frutos China es lanza al camino a la modernización económica[13].

Estos acontecimientos hacen priorizan a la Federación Rusa y a China sus problemas internos y los obliga a abandonar las aventuras militares y guerra ideológica de la guerra fría las que demandan enormes cantidades de dinero por lograr el dominio mundial. Esos gobiernos deciden invertir esos recursos dentro de sus países.

Entonces los EE. UU., queda solo al frente del expansionismo militar[14] y es entonces que debe crear, armar y financia a sus enemigos, sistema que se pone en practica con la ejecución del atentado a las torres gemelas el 11 de noviembre del año 2001. La influencia y el poder adquiridos, les permite al producir atentados terroristas falsos en su país y provocar guerras de grandes proporciones[15].

A partir de entonces el gasto militar de los EE. UU. la presencia de tropas en el extranjero, los bombardeos[16] y el costo de mantener el aparato militar además de financiar los costos no pagados por sus aliados de la OTAN aumentan la deuda del país. Además, proporcionó armas a terroristas intentando derrocar regímenes.

El deterioro el estado económico de los EE. UU. es enorme en contraste a la recuperación económica y militar que buscaron a Rusia y China.

El Gobierno en la Sombra se considera entonces el poder hegemónico y junto a sus sumisos aliados europeos, continúan provocando conflictos militares en África, América, en los países exmiembros de la U. R. S. S., Yugoslavia, Rumanía, Checoslovaquia y en oriente medio Afganistán, Irak - Irán, Líbano, etc.

La élite acumula recursos económicos, poder y da impulso a la era de la Globalización[17].

Dentro del gobierno de EE. UU., el "Gobierno en la Sombra" se consolida a medida que infiltra y corrompen los altos puestos de las entidades de inteligencia grupo al que denominan como: "Gobierno Profundo", y es a través de las agencias de inteligencia que aumentan la capacidad de chantajear, encubrir actividades ilícitas sobre países y personas y además fortalecen su impunidad con la que violan normas, tratados, etc.

El V. O. M. habiendo logrado avances considerables en Europa llega a considerar estar preparada para ensayar la elección del primer escogido para ser presidente de los Estados Unidos de Norte América.

Su control es considerado total cuando cuentan con personal sobornado dentro de los partidos políticos, alta jerarquía de los tres poderes del estado, la prensa y la cúpula de los servicios de inteligencia y las finanzas es que ellos deciden el rumbo que ese país debe seguir.

En el campo internacional los gobiernos de la UE., deben someterse los dictados del gobierno norteamericano, pues los gastos de su defensa (OTAN)[18] están siendo cubiertos por los EE. UU.

Proliferan en aquellos momento las guerras religiosas y étnicas en Europa[19], ideológicas en América[20] y las crisis económicas se globalizan[21].

Todas estas operaciones que se organizan no son espontaneas son utilizadas para restar poder a los gobiernos que van a desestabilizar. Ellos son además quienes financiarán las guerras que luego los gobiernos afectados se verán obligados a pagar sumando además el nuevo endeudamiento necesitado para pagar perdidas causadas por la crisis que fue creada.

Pero sucede que el sentimiento patriótico existe en todo pueblo y no excepción el norte americano que veía ha su país perder los atributos por los que mundialmente era reconocido: como ser el líder en productividad mundial, ejemplo de sistema democrático, paladín de la libertad de expresión y lugar en donde se vivia el estado de derecho, todo esto desaparecía del panorama y se ha vuelto un país consumista, con alto desempleo, invadido por migrantes, con altos niveles de delincuencia, y unas fuerzas armadas que perdían una batalla tras otra. Mientras el V.O. M. dentro de su burbuja de ganancias millonarias ignoraban de las creciente necesidades de su pueblo.

Estados Unidos es ahora corrupto y a través de su influencia como potencia manipuló las elecciones de casi todos los gobiernos del mundo y ordenaban a los dirigentes de partidos locales instrumentar las políticas globalistas que violan derechos humanos y la soberanía de estas naciones.

Estos gobiernos llamados en la última etapa Neoliberales son requeridos a ceder los derechos de explotación de recursos naturales y servicios a empresas extranjeras, aceptan la internacionalización de la banca y en algunos casos se les exige se adopte el sistema monetario norte americano; Argentina, Ecuador y El Salvador son ejemplos de esto.

La banca internacional con capitales que superan al de muchos países, tienen garantizada la impunidad en estas naciones. Se ubican estratégicamente para facilitar el blanqueo de capitales por el que reciben jugosas ganancias. El lavado de dinero es imposible de realizarse sin la complicidad de los bancos.

Quizá esto explique el porqué se instalan en países como El Salvador, en Centro América bancos como el *CITI Bank*[22] y *HSBC*[23], entre otros. El Salvador está ubicado estratégicamente entre la zona productora de drogas en el sur de Perú y Colombia y la zona consumidora de drogas en el norte los EE. UU. Con esta ubicación el dinero producto del consumo, debe regresar del norte al sur y esto se facilita durante la administración de *Hussein Obama*. Durante su corta estancia en estos países en la que actúan con total impunidad, generan ganancias descomunales y una vez cambian las condiciones abandonan los países. Por supuesto nadie resulta culpable de actividades ilícitas[24].

Una vez implantado estos procesos, los intereses corporativos se sitúan por encima del de los países. La última etapa de esta programa global es dar legitimidad a las corporaciones con el acuerdo internacional[25] TPP que no termina promover *Hussein Obama*.

El Gobierno en la Sombra habiendo instrumentado la administración norteamericana y consolidado su poder corrupto en el resto de América, salvo algunas excepciones[26].

El V. O. M. deciden implementar en un período de 16 años, el mecanismo que les permitirá establecer el Gobierno Global.

Esta implementación da inicio en el año 2009 con la instauración del primer presidente de color en la historia de EE. UU. *Barack Hussein Obama*, quien como parte del plan permanece por dos períodos hasta el 2017, cumpliendo con 8 años al servicio del proyecto.

El trabajo desarrollado por *Hussein Obama* durante su administración, para los fines que persigue la elite global son magníficos y estos se encuentran:

1. Reducción de la capacidad militar de EE. UU.
2. Despido de generales sin causa justificada.
3. Control ejecutivo sobre decisiones militares.
4. Se acumula la deuda más alta de la historia en EE. UU.
5. Se reduce su capacidad productiva.
6. No se abren nuevas fuentes de trabajo.
7. Se aumentan las regulaciones gubernamentales que obstaculizan la apertura de nuevos negocios.
8. Se deteriora la infraestructura nacional y no se invierte en ella.
9. Los altos impuestos vigentes, no atraen inversión.
10. Los salarios no aumentan.
11. Crece el desempleo de las mujeres y las minorías a niveles históricos.
12. Las personas que demandan estampillas de comida rompen récords históricos.
13. Las leyes migratorias no se aplican, terroristas ingresan como refugiados de oriente medio. Crece el flujo de ilegales de América.
14. El consumo de opiáceo se convierte en epidemia, la industria farmacéutica está involucrada.
15. La banca es cómplice del blanqueo de capitales.
16. Crece la criminalidad y los actos terroristas.

17. El nivel del sistema educativo baja.

18. El costo de los emigrantes ilegales es carga que los ciudadanos rechazan.

19. La corrupción partidaria se refleja en las desfavorables encuestas que reciben el Congreso y el Senado.

20. La corrupción del departamento de Justicia y el FBI en la rama ejecutiva atenta contra las garantías constitucionales.

21. El lavado de dinero por instituciones de caridad falsas, respaldadas por figuras políticas queda en evidencia.

22. Se revisa el caso de posible traición en la venta del 20 % del Uranio norteamericano a la Federación Rusa.

23. Se acusa a la administración *Obama* de financiar el cultivo de drogas en oriente medio y con ello financiar la compra de armas a la resistencia siria, y el senador republicano *John McCain*, también es mencionado. Se le suministran armas los terroristas islámicos de ISIS.

24. La muerte y derrocamiento *Gadafi* en Libia desestabiliza la región africana y facilita el trasiego de armas a los terroristas en medio oriente.

25. La situación económica, financiera, social y militar de los EE. UU., es desastrosa.

Finalizada exitosamente esta primera etapa y para coronar con éxito el plan, debe ponerse en marcha la siguiente etapa que tiene como propósito desestabilizar al mundo y para esto deben llevar a la presidencia de los EE. UU., por primera vez a una mujer y reelegirla por un segundo período.

El haber logrado la elección por primera vez a un hombre de color funcionó bien, ahora llevar a una mujer a la presidencia por primera vez parece ser fácil pues las encuestas de dan altas probabilidades de victoria.

Por esta razón y con años de antelación se han ocupado de dar el protagonismo necesario[27] a *Hilary R. Clinton,* quien fuera Primera Dama, compite por la candidatura a la presidencia de su país, resulta electa senador por el estado de *Nueva York* y posteriormente se le nombra Secretario de Estado, de la administración *Obama*. Sus credenciales sobran. Se le proporciona además el financiamiento necesario para su próxima campaña presidencial y se pone a su disposición la prensa que maneja la élite, a la que llaman (*Main Street Media*[28]), entre quienes se encuentran corporaciones como: ABC, CBS, CNN, NYT, WP, etc.

La evolución de esta trama es desconocida para la mayoría del mundo, pues a través de la prensa local, no se informa. Ellos se ocupan de mantenernos divididos y polarizados ideológicamente.

Poco o nada de lo que hasta aquí se ha mencionado es informado por la prensa local la que publica solo lo que se le manda publicar. Callan la actuación de la élite con la esperanza de que la élite establezca el Gobierno Mundial.

Continúan vendiéndonos la idea de las bondades del mundo global, con lo que se nos acomoda mentalmente a la idea de que un mundo mejor será el mundo dirigido por ellos la élite mundial.

Habiendo alcanzado este punto del escrito, se hace necesario recordar la existencia de gobiernos cómplices del Gobierno Profundo en la Unión Europea y la crítica situación que esos países viven debido al arribo de millones de refugiados procedente de Oriente Medio y África.

La UE como aliados de *Hussein Obama*, son cómplices de la desestabilización en África y Medio Oriente, de los millones de personas que abandonan sus países y de las sanciones económicas que dañan a sus agricultores.

Los EE. UU., y la OTAN[29] se ven en el ridículo de no poder contener el avance terrorista.

Es hasta que el gobierno sirio solicita la ayuda[30] de la Federación Rusa que el retroceso terrorista da inicio.

Al término del mandato *Obama*, el mundo está en caos, se encuentra pendiente la firma del tratado comercial global, que borrarán de los diccionarios la palabra soberanía y volverá esclavos a los gobiernos firmantes y sus pueblos, de la voluntad de las grandes corporaciones.

El terrorismo islámico, ISIS retroceden gracias al apoyo militar de Rusia.

Pero además de este acontecer, se desarrollan otros sucesos de importancia que deben evaluarse.

Dos años antes del final de la administración de *Hussein Obama*, algo fuera de lo normal en el panorama político de los EE. UU.

El 16 de junio del 2015[31] el empresario *Donald J. Trump*, anuncia su participación como candidato a la nominación como presidencial por el Partido Republicano. Un día antes *Jeb Bush* gobernador de Florida e hijo y hermano de dos expresidentes anuncia su participación. Por su desempeño político, los recursos económicos e influencia política de la familia, *Jeb Bush* aparenta tener mejores posibilidades.

Trump pasa entonces a formar parte de diecisiete aspirantes a la nominación presidencial del partido republicano. Él no es miembro del partido, no cuenta aparentemente con experiencia política, razones por las que no se le considera entonces como un potencial candidato para ganar la nominación.

Acontece que su discurso es claro para la gente dentro y fuera del partido, demuestra no estar comprometido con todos los valores partidarios, si no con el pueblo al que dirige su mensaje.

Sorprende cuando da a conocer que no aceptará contribuciones de las grandes corporaciones, por lo que no se someterá a sus demandas, como los otros candidatos.

Desde un inicio habla de las malas condiciones en las que se encuentra su país, sus ciudadanos y señala entre sus causas a la corrupción.

Añade que será el presidente de EE. UU., y no del mundo y que su prioridad es hacer a América grande de nuevo.

Rápidamente su discurso sin sutilezas, lo ubican como favorito sobre los otros aspirantes y levanta la crítica de rivales y de la prensa.

Uno a uno los contendientes, se retiran y nueve meses después en abril del 2016, asegura con amplio margen que se encuentra entre los finalistas para la nominación partidaria.

En mayo *Donald Trump* gana la nominación de Indiana[32], y no tiene más contendientes, por lo que se vuelve el candidato de facto, en espera de ser ratificado durante la próxima convención del partido republicano.

Su ascenso meteórico en la carrera política es considerado causado por un nuevo movimiento político, pues integra a miembros republicanos, demócratas e independientes, incluso motiva a personas que nunca han votado. Este fenómeno político se da bajo el ataque despiadado y hostil de todos los principales medios de prensa, quienes además en sus encuestas no le dan oportunidad en el eventual enfrentamiento, con la que aseguran será la nominada demócrata *Hillary Clinton*.

En la Unión Europea, la crisis de refugiados[33] y el sometimiento de lideres nacionales a los mandatos del Parlamento de la UE en Bruselas provoca un nivel de descontento que no se puede ocultar. Los ciudadanos en diferentes países, se queja de que sus leyes están siendo sometidas a lo que manda el parlamento europeo, violando sus derechos constitucionales.

Se generan protestas y varios gobiernos declinan acatar lo que dicta Bruselas. A este descontento se suman actos terroristas[34] como el de París, el rechazo de los refugiados a ser asimilados por las culturas que les dan refugio y además crece el descontento hacia las intervenciones militares que demanda los EE. UU., causa principal de la masiva migración que los hunde.

A esto deben sumarse perdidas económicas de sus agricultores al verse los gobiernos presionados a imponer sanciones a La Federación Rusa, que afectan a la UE y no a los EE. UU.

Como consecuencia del descontento de su pueblo, el primer ministro del Reino Unido, *David Cameron* decide llamar a sus ciudadanos aun referéndum[35] que se denomina *BREXIT*, a través del cual el pueblo decidirá si el Reino Unido permanecerá o no dentro la UE.

El primer ministro *Cameron* esta seguro de que el voto será a favor de permanecer en la UE.

A medida que la fecha del referéndum se aproxima, *Nigel Farage* excorredor de bolsa y dirigente del partido *UKIP*[36] y miembro del Parlamento Europeo, quien lidera la campaña del NO pertenecer a la UE, ve que su movimiento es levemente favorecido en las encuestas. Esto alarma a la élite y recurren a que *Hussein Obama*, líder de la coalición militar que desestabiliza Medio Oriente, África y pieza clave en el proyecto de globalización, para que visite Londres y dirija un mensaje a los ingleses.

Cómo presidente este fue su último viaje a Europa y durante se aventura a advertir a los ingleses que abandonar la UE[37], dañaría las relaciones comerciales bilaterales.

El 23 de junio del año 2016[38], el pueblo inglés decide por más de un millón de votos, abandonar la Unión Europea y esto provoca la renuncia del primer ministro inglés, pieza clave en la estructura del Mundo Globalizado y el establecimiento del Gobierno Mundial.

La derrota sacude los cimientos de la elite global.

Un mes después en julio en los EE. UU., de entre los candidatos republicanos *Donald Trump* el empresario, sin experiencia política, quien ha apelado a los valores nacionales espera ser nominado candidato presidencial republicano.

El liderazgo del partido republicano que manipula la élite, maniobra para evitar su nominación, pero sus estratagemas no prosperan y el 20 de julio del 2016 *Donald Trump* es nominado[39] candidato presidencial del partido republicano.

Pocos prevén entonces, el vuelco que la política republicana y norte americana experimentarán.

El Gobierno en la Sombra, ahora debe exponerse pues debe ordena llevar adelante una operación de contrainteligencia en contra del candidato *Donald Trump*, la que da inicio improvisadamente el mismo mes de su nominación; inicialmente con la intención de evitar su victoria electoral y al fracasar buscan de evitar la nominación presidencial y luego tratan de derrocarlo, su exposición entonces se vuelve pública.

La nominación de la candidata *Hillary Clinton* por el partido demócrata se da días después el 25 de julio.

Para sorpresa de la élite y los medios de difusión *Hillary* se ve en problemas para ganar su nominación ante el independiente *Bernie Sanders*. *Clinton* obtiene una apretada victoria y de inmediato se sospecha que su triunfo no ha sido limpio.

Pero la carrera presidencial está definida: *Donald J. Trump* debe enfrentar a *Hilary R. Clinton*, quien lo aventaja en todas las encuestas que la prensa controlada publica.

Los globalitas fallaron en el intento de elegir el rival republicano que perdería frente a *Clinton* y ahora enfrentan a *Donald Trump* un candidato que no controlan, que no acepta sobornos y que ha despertado el interés de votantes republicanos e independientes por recuperar su país, esto sumado a la derrota sufrida en Reino Unido, aumenta las preocupaciones en la dirigencia del V. O. M.

Algo trascendente ha acontecido, el sentimiento patriótico triunfó en Inglaterra y el discurso del nominado republicano *Do-*

nald Trump apela a los valores tradicionales y nacionalismo, le han conducido a ser candidato a la presidencia.

¿Los años y dinero invertidos en propaganda que busca fijar en la mente mundial las bondades del mundo globalizado han fracasado? Ahora triunfa el sentido de pertenencia, cultura, tradición y religión de los pueblos.

Las dos derrotas consecutivas sufridas por los globalitas en el 2016 y el que su candidata presidencial no fuera capaz de ganar la nominación legalmente, despiertan dudas e intranquilidad dentro de los integrantes del Gobierno Profundo.

Empiezan ahora a preguntarse sobre lo que consideraban un fácil y seguro triunfo presidencial y además reemergen casos como el de: "Rápido y Furioso[40]", "El asesinato del embajador norte Americano en Libia[41]", la "Fundación *Clinton*[42]", "*Uranium One*[43]_" y el del "servidor[44]" instalado en casa de los *Clinton*, que supone ha puesto en riesgo la seguridad nacional. Estos son algunos de los sucesos en los que la señora *Clinton* está involucrada y causan daño a su campaña.

Esta situación obliga a *Hillary* y el Gobierno Profundo a ejercer presión adicional sobre la gente en planilla perteneciente al Departamento de Justicia, el FBI y el Departamento de Estado, entre otros.

Se ve obligado el Gobierno Profundo a que antes de que ella declare, el director del FBI *James Comey,* de a conocer un memorando en el que se decide que la candidata *Clinton* va a ser exonerada de cargos y se le otorga, además, inmunidad judicial a todos sus colaboradores, acciones todas que esperan los implicados permanecerán ocultas con el triunfo electoral de su candidata.

Lo inesperado debe ocurrir: el director del FBI aparece dando declaraciones a la prensa y declara que no encuentra evidencia suficiente para procesar a *Hillary Clinton*[45]. Con esto del director viola los procedimientos judiciales pues esta es una decisión que no le corresponde como investigador, sino que le corresponde a quien dirige el departamento de justicia, en ese entonces a *Loretta Lynch*.

En esta y otras investigaciones abiertas, la burocracia asalariada, dilatan la entrega de información o argumentan que esta no existe a los investigadores privados *como Judicial Watch* y comités especializados dentro del Congreso y el Senado. Mientras el proceso electoral trascurre, la prensa decide ignorar los temas que perjudican a *Hillary Clinton*.

Dentro de este encadenamiento de ocurrencias, las que muchos desconocen, continúa desarrollándose la campaña presidencial 2016 en los EE. UU.

A la campaña presidencial voy a referir brevemente y enumerare algunos hechos que considero importantes, no pretendo cubrirla completamente. Además, me permitiré continuar proporcionando enlaces para que el lector pueda corroborar lo expuesto. (Los detalles completos de la campaña están disponibles en los medios de prensa. Recomiendo informarse de los medios no tradicionales, si la verdad desea conocer).

La campaña presidencial da inicio el 26 de septiembre del 2016 y el 8 de noviembre es electo presidente de los Estados Unidos *Donald Trump* quien obtiene 304 votos electorales[46] y además arrastra consigo el triunfo republicano en el senado y el congreso[47] y consiguen ganar legislaturas en. 31 de los 50 estados[48]. Este amplio triunfo ha tratado de ser minimizado por los adversarios políticos.

El costo para la promoción de la candidata Hilary *Clinton*, en la que incurre la élite, supera los $ 700,000,000 de dólares. Este monto incluye el costo de la campaña de nominación y la presidencial.

Donald Trump invierte de sus propios recursos, alrededor de $ 250,000,000, la tercera parte de su rival y resultando electo el 19 de diciembre del 2017, como el 45^{avo} presidente de los EE. UU.

Durante la campaña los ataques de la prensa, las mentiras reiteradas en contra de *Trump* como eco se propaga y deben ser desmentidas más tarde.

Los debates presidenciales resultan favoreciendo a *Trump*. Y se alcanzan audiencias récords de 66 a 84 millones de personas.

En las concentraciones populares *Trump* llena estadios de más de 30,000 personas y *Hillary* apenas logra atraer a 200 simpatizantes en gimnasios de escuelas. Curiosamente las encuestas en la prensa principal continúan dando a *Hillary* el triunfo electoral.

Es importante se conozca que meses antes de la campaña *Hillary* demanda el control del CND (Comité Nacional Demócrata), el que se encuentra en bancarrota y es incapaz de pagar a sus acreedores. *Hillary Clinton* es la que posee el dinero para la campaña del partido y controla además los fondos de su contendiente en la primaria Bernie *Sanders*.

La contrainteligencia del FBI desarrolla la primera campaña de desprestigio en contra de *Donald Trump* en la que se da a conocer a través de fuentes anónimas a la prensa que las publica como noticia en todos medios controlados por el Gobierno en la Sombra.

Aparece en escena *Julián Assange* un periodista de origen australiano, quien recibe asilo diplomático de Ecuador en Londres. *Assange* difunde información confidencial del partido demócrata y su dirigencia, entre otras.

De esta manera se descubre que la información ha salido del servidor del Comité Nacional Demócrata (CND) y se sabe que por la velocidad de transferencia de datos, esta se obtuvo con un dispositivo USB en el interior de su sede.

Esto da origen a la segunda campaña de contra inteligencia que lidera el FBI, quién busca culpar a Rusia del robo de la información y de que esto se ha hecho de común acuerdo con el candidato *Do-*

nald Trump, para derrotar *Hillary Clinton*.

Pronto se descubre que la información extraída del servidor del CND se obtiene a una velocidad imposible de lograrse para alguien que ingrese al sistema vía Wifi, es decir, desde fuera. Quien obtuvo la información y la envió a Assange *WikiLeaks*[49] debió usar por la velocidad de trasferencia una memoria USB[50] y hacerlo directamente de la computadora en las oficinas del CND.

Días después aparece muerto *Seth Rich*[51] quien tenía acceso a esa información. Su muerte es declarada por causa de robo, pero su cadáver conserva billetera, reloj, etc.

Julián Assange ofrece una recompensa por información que conduzca a sus asesinos y el detective asignado por la familia es informado por la policía que no pueden proveerle información sobre el caso.

Resulta curioso que el CND no informara, ni diera información de la perdida de información al FBI entidad encargada de investigar la intromisión a su servidor.

La prensa no independiente continúa, reiterando 24 horas al día, que Rusia y *Trump* confabularon, para derrotar a *Hillary Clinton*.

El daño que causa la fuga de esta información al partido demócrata y su jerarquía son grandes y afecta la empresas de los hermanos *Podesta*[52] uno de ellos jefe de campaña la candidata presidencial y el otro CEO[53] de una firma que se lucraba al facilitar el acceso para extranjeros a personeros dentro del gobierno norteamericano.

Uno de los altos jefes de inteligencia sugiere elevar el nivel la operación de contra inteligencia en contra de *Donald Trump*, lo que conduce a contratar los servicios de *Cristopher Steel*[54] exagente del MI6 inglés, para elaborar un expediente que involucre a *Donald Trump* con Rusia.

Este documento lo financia el DNC, a través de empresa denominada *FUSION GPS*[55], la que recibe 12 millones de dólares del DNC y ellos se encarga contactar con Cristopher Steel.

El falso documento financiado por el partido opositor se utiliza para obtener las ordenes judiciales FISA que permiten la investigación de nacionales norteamericanos en casos criminales. Cuatro veces se obtiene la orden FISA tres durante la campaña y una vez más cuando estando electo presidente *Donald Trump*.

Esta actividad financiada por el CND, *Hillary Clinton* y el Gobierno en la Sombra, para obtener información de un candidato opositor y su equipo, utiliza las altas esferas corruptas del Departamento de Justicia y el FBI; y estas resulta ser la mayor violación a las leyes norteamericanas que hasta hoy se conoce.

La derrota electoral se da y resulta ser muy difícil de aceptar por *Hillary Clinton*, la prensa, el aparato político gubernamental cómplice y el Gobierno Profundo.

Donald Trump, bajo un persistente ataque que busca desprestigiarlo, llega al día de la toma de posesión.

La estrategia demócrata debe entonces modificarse y ahora pues sus maniobras quedarán pronto al descubierto y el partido demócrata, sus senadores y congresistas son el frente visible del Gobierno en la Sombra. En esta etapa se dan a la tarea de obstaculizar los nombramientos del ejecutivo que ellos deben aprobar como poder legislativo. Esto se suma la existente campaña en la que acusan al presidente de haber manipulado junto a Rusia la derrota de la señora *Clinton*. La prensa, en unidad forma una cámara de eco que inventan y filtra toda clase de noticas, en contra del presidente electo, su familia y allegados.

Es entonces que los medios alternativos de prensa y Fox News son los que mantienen la imparcialidad, criticando y difundiendo los aciertos de recién electo gobierno. Los medios locales en los diferentes países de América solo difunden mentiras sobre el presidente y su administración.

Lo que no difunden es que el presidente de 70 años trabaja sin descanso y que sus ofertas de campaña se ven cumplidas una a una.

Los demócratas en el Congreso y el Senado siguen al pie de la letra la consigna de obstruir y dilatar los nombramientos de gabinete, Corte Suprema de Justicia, hasta el punto de comprobarse que la dilación tiene motivos políticos y esta maniobra dilatoria supera al de todas las administraciones anteriores.

A pesar de esto *Trump* lleva adelante el cumplimiento de sus promesas de campaña, devolviendo a los militares el poder decidir en el campo militar. Elimina restricciones que impiden la inversión en producción de energía, las minas de carbón vuelven a operar y a generar empleo, se liberan los permisos para nuevas explotaciones y se propone hacer del país exportador de energía.

Se genera un efecto positivo en la confianza nacional. Se procede a la eliminación de órdenes ejecutivas, se devuelve a los Estados la tierra que había sido traspasada al gobierno Federal. La labor por desregular el sistema económico causa efectos inmediatos y la Bolsa de Valores inicia constantes cierres al alza rompiendo todos lo récords conocidos. Estos se extienden durante todo su primer año de gobierno, el crecimiento económico (PIB) pasa del 1 % al 3 % antes de cumplirse el año de gobierno.

Entre los lemas de campaña, mejor acogidos por sus simpatizantes, se encuentra: (*Drain de Swamp*) Dragar el Pantano. Se refiere con esto a limpiar la corrupción existente la capital norte americana.

Esta tarea no será fácil, tomará tiempo y debe ejecutarse tomando los pasos judiciales correctos; si se desea que los resultados sean de efectivos y duraderos. La corrupción se encuentra arraigada en los tres poderes del estado.

La aprobación de nombramientos del presidente del Departamento de Justicia, de Delgados a la Corte Suprema de Justicia, del director de la CIA, del Departamento de Estado y otras secretarias de estado los demócratas la llevan acabo a cuenta gotas a pesar de la capacidad de los nominados y de ser la administración norteamericana que más mujeres en la historia ha nombrado a cargos públicos.

Pasados los meses se nombra al presidente y vicepresidente del Departamento de Justicia, y ambos recomiendan la destitución del director del FBI, quién meses antes había sido ratificado por *Trump*.

El presidente acepta la recomendación del Departamento de Justicia, y despide al entonces director del FBI *James Comey*, convirtiéndose en una de las primeras criaturas del pantano cuya cabeza cae.

El grito de senadores y congresistas demócratas acusando al presidente de interferir en la investigación que sobre su participación y confabulación con Rusia se escucha de costa a costa. Esto desemboca una nueva ola de ataques de la prensa que ahora se reclama el nombramiento de un Fiscal Ejecutor independiente, para que lleve adelante una investigación sobre obstrucción de justicia.

El nuevo subdirector de justicia[56] quién hace las veces de director en funciones al declarar el director que se recusas del caso y que no participará en él. Corresponde entonces al subdirector el nombramiento del ejecutor o fiscal independiente y este nombra a: *Robert Müller*[57] exdirector del FBI.

La nueva etapa de desprestigio se fundamenta ahora en que el presidente *Trump* despide del director del FBI, y con esto él pretende obstruir la investigación de colusión con Rusia que se lleva en su contra.

Trascurrido el tiempo la actividad del presidente supera a la desempeñada por todos sus antecesores. Cumple con las promesas de campaña al eliminar regulaciones[58]. Los diferentes sectores privados invitados a la Casablanca agradecen la agilización de tramites para establecer nuevas empresas que la eliminación de esas regulaciones trae consigo.

Polémicas medidas son anunciadas, el fin de tratados[59] multilaterales comerciales, el abandono del acuerdo de París[60] sobre el clima y da inicio la campaña por acabar con el sistema de salud[61] de la administración anterior, la urgencia de reformar el sistema impositivo[62] y el inicio de la reconstrucción y ampliación de la red de infraestructura[63] del país.

En política internacional *Trump* en su primer viaje al exterior tiene como destino las capitales religiosas del mundo[64]: El Vaticano, Arabia Saudí e Israel, en esta última reitera la voluntad de este gobierno de cumplir con el acuerdo legislativo de trasladar su Embajada a Jerusalén[65].

La suspicacia debía haberse despertado en muchos sobre el significado de este primer viaje internacional. Pues lo tradicional ha sido la visita países aliados o vecinos y nunca a las capitales religiosas.

Otro importante acto es la visita de *Xi Jinping* a los EE. UU[66]., los acuerdos comerciales son extraordinarios y se abre la exportación de carne de EE. UU., y China anuncia su deseo de invertir el la infraestructura de Estados Unidos.

Por primera vez, un presidente de los EE. UU., habla con franqueza sobre los temas militares y condena miles de millones de dólares en ayuda militar que tiene como destino Oriente Medio y da a conocer al mundo que los países miembros de la OTAN no cumplen con el aporte del 2 % de su PIB a su defensa[67]. La indignación injustificada es expresada por los aliados quien al final empiezan a cumplir con sus obligaciones.

Naciones Unidas sufre el recorte de fondos de los EE. UU., y se advierte a los países que hacen mal uso de la ayuda y critican las políticas de los EE. UU., que esperen corte en la ayuda que reciben.

La Cumbre APEC[68], la participación de Davos[69], son eventos internacionales que permiten a *Trump* llevar su mensaje y poner fin a las especulaciones de la prensa.

Internamente la campaña de desprestigio en contra de *Trump* continua, pero sobrepasado un año no existe una sola prueba que conduzca a su culpabilidad.

Por el contrario pruebas de la corrupción demócrata emergen: la Fundación *Clinton*[70] es desmantelada poco a poco, una vez se conoce la derrota electoral, aumentando sospechas de recibir pagos a cambio de favores y de haber sido utilizada para el blanqueo de capitales.

El Congresista Devin Nunes[71], quien dirige la Comisión de Inteligencia del Congreso de los EE. UU., da a conocer que se plantó vigilancia en la Torre *Trump* durante la campaña y esto conduce a una acción demócrata que lo obliga a retirarse de la investigación, hasta que se compruebe lo afirmado. La prensa se burla de esta afirmación, pero la sede de campaña del candidato *Trump* se traslada a otro lugar.

Mas tarde *Donna Brazile*[72] quien fungiera como presidente interino del Comité Nacional Demócrata durante la campaña 2016, puesto que ocupo sin cobrar salario, publica en su ultimo libro *Hacks* y al darlo a conocer a la prensa confiesa que se trabajó en el CND internamente para evitar que el candidato *Sanders* ganara la nominación demócrata. Esta revelación inesperada sacude la base del partido y la prensa quien no tiene más remedio que criticar esta mala actuación.

El 21 de diciembre del 2017[73], a través de un decreto de ejecutivo el presidente *Trump*, declara estado de emergencia en los EE. UU., esto otorga al presidente poderes extraordinarios para actuar en todos aquellos casos que afecte a la seguridad nacional, violación de derechos humanos, corrupción, pedofilia entre otros.

Esta por cumplirse el primer año de la administración *Trump* y este se corona con la firma del acuerdo de reforma fiscal[74] más grande en EE. UU. en los últimos 30 años.

En su Discurso a la Nación[75] con el que celebra el fin del primer año de administración, entre otras cosas, el presidente ordena a sus Secretarios de Estado (ministros), que premien a aquellos empleados eficientes y que procedan con firmeza en contra de aquellos corruptos. Mantiene su declaración de combatir las drogas y la MS13, además anuncia que está dispuesto a respaldar una salida legal para quienes se encuentren acogidos a la protección del programa DACA. (Recomiendo escuchar el discurso).

Trascurre el tiempo y *Devin Nunes* vuelve a ejercer sus funciones. Meses después con las pruebas obtenidas el Comité de Inteligencia del Congreso[76] recibe autorización ejecutiva para publicarlas. El memorando publicado deja al descubierto la conspiración que se lleva adelante en complicidad de la alta jerarquía del departamento de Justicia, el FBI, el Gobierno en la Sombra, *Hillary Clinton* y congresistas y senadores corruptos.

Los argumentos demócratas dejan entonces de tener sustento. Nuevos memorandos entre ellos uno del Departamento de Estado que involucran al entonces Secretario de Estado: *John Kerry*, sale a luz. El senador *Chuck Graesly* publica extraño correo electrónico de la ex asesora de Seguridad Nacional de *Hussein Obama. Susan Rice*[77] se encuentra bajo sospecha de hacer publica información de ciudadanos norte americanos, a quienes protege la ley.

Se prueba que el CND que dirige *Hillary Clinton* paga doce millones de dólares a la firma *FUSION GPS* para contratar al agente inglés *Steel* y que este elabore un reporte en contra de *Donald Trump,* el que se utiliza para engañar a jueces y que estos otorguen las ordenes FISA[78], con las que se autoriza espiar a ciudadanos norte americanos. El objetivo de la trama: que *Trump* no llegará al poder y posteriormente con seguir pruebas para derrocarlo.

Los demócratas ahora descubiertos no pueden seguir atacando a

Trump y es así que logra la aprobación de un presupuesto[79] por dos años, el que garantiza la inversión requerida para modernizar el ejército y poder concentrarse en otros temas apremiantes.

El proceso que lleva adelante Robert Müller suspende las sentencias que iba a aplicar a exmiembros del equipo *Trump*, pues su establecimiento cómo Juez Ejecutor, se discute si es legal o no.

Para sorpresa de muchos, la semana recién pasada Robert Müller acusa a 13 nacionales rusos y a tres compañías rusas[80] de operar desde del 2014, en busca de dividir a los norteamericanos. Se señala que no hay norteamericanos involucrados con conocimiento de que se trataba de rusos y de que los resultados electorales del 2016 no fueron afectados por estas actividades.

Hasta aquí lo que se desarrolla al norte de nuestras fronteras hasta la semana del 17 de febrero, en esa poderosa nación que tanto influye en los destinos de nuestros países.

Como puede apreciarse *Donald Trump* se encuentra mejor preparado que *Kennedy y Reagan*, para acabar con el Gobierno en la Sombra, el Gobierno Profundo, la corrupción que se extiende a todo el mundo y evitar que se nos imponga un Gobierno Mundial.

En esta conspiración están involucrados miembros de la realeza europea, príncipes sauditas capturados, traficantes de órganos y blancas, pedófilos y corruptos miembros de gobierno, la banca central mundial, oligarcas y miembros de la prensa alrededor del mundo.

Por estás razones la seguridad del presidente fue contratada fuera de los EE. UU., y su equipo de gobierno y asesores conocen del poder e influencia con el que cuenta el enemigo. Es por esta razón que su actuación es prudente, metódica, planificada y esto permite avanzar con firmeza.

Está acción puede fallar o dilatarse, pero si todo sale bien pienso que será de beneficio para todos los habitantes de América y el mundo; podremos de nuevo ser orgullosos de lo nuestro y unidos alcanzar el futuro brillante que merecen las generaciones que heredarán nuestro trabajo.

CONOCIENDO DETALLES DE LA ELIMINACIÓN DE LA CORRUPCIÓN EN WASHINGTON D. C.

domingo, 18 de marzo de 2018

En reciente documento hecho público por el Comité de Inteligencia del Congreso de los EE. UU[81], el mundo puede conocer como la corrupción de quienes pretendían establecer el gobierno mundial actuó, primero para asegurar el triunfo de su candidata *Hillary Clinton* y ante la derrota en segunda instancia para evitar que el ganador *Donald Trump* asumiera la presidencia, al no lograrlo trabajaron para dañar la legitimidad del presidente y a la vez junto a los miembros demócratas en el senado y congreso continúan boicoteando los nombramientos presidenciales.

Este caso no tiene precedente en la historia política del mundo y se encuentra en pleno desarrollo.

A medida que el tiempo avanza, la contra ofensiva del gobierno *Trump* es quién va acumulando pruebas de la trama en contra de su país. En un período de 16 años, esta red mundial de poderosos hombres y organizaciones proyectaban instaurar el gobierno mundial.

Por los sucesos que acontecen ellos solo alcanzaron a desarrollar el plan por 8 años con la ayuda del presidente de color, preparado por la CIA[82] *Hussein Obama* y al perder la elección *Hillary Clinton* su plan se viene abajo.

Para suerte de las naciones mundo *Donald Trump*, empresario de bienes raíces, ajeno a la política, gana la nominación del partido republicano y con su mensaje: América Primero junto con una bien elaborada estrategia gana el voto de los norteamericanos y obtiene los votos electorales[83] necesarios para asumir la presidencia de los EE. UU.

Hasta aquí la introducción.

Deseo destacar que lo que van a conocer ha sido poco o nada publicado por nuestra prensa, pues al igual que las grandes empresas noticiosas del mundo *NBC, CBS, CNN, NYT, WP, BBC, DW* y otras, continúan sirviendo a los intereses de quienes desean que el imperio de la corrupción y el mundo global nos sea impuesto. Además, nuestra prensa local se alimenta del material noticioso que estos medios que engañan les proporcionan.

La corrupción que vivimos, no la creamos nosotros se nos ha impuesto durante más de sesenta años, y finalmente íbamos camino a ser esclavos.

El Documento desclasificado por el Comité de Inteligencia del Congreso de los EE. UU., revela como la empresa FUSION GPS utiliza un documento no verificado sobre la oposición financiado por la campaña *Clinton* y el Comité Nacional Demócrata (DNC inglés) fue utilizado por el FBI (Buró Federal de Investigación) el Departamento de Justicia (DOJ) para obtener la orden de vigilancia FISA y espiar al voluntario de la campaña de *Trump, Carter Page*[84].

Aclaración:

Fusion GPS empresa basada en Washington que provee servicios de primera calidad en investigación, investigación estratégica y ofrece servicios a corporaciones, firmas legales e inversionistas mundialmente.

CND el Comité Nacional Demócrata y la campaña de *Clinton* fueron financiados por *Hillary Clinton* debido la situación de insolvencia del Partido Demócrata.

El DOJ departamento de justicia, es nombrado por el presidente de la república y de este depende el FBI. Durante la presidencia de

Hussein Obama se dio la complicidad de estas dos organizaciones con el partido demócrata y su candidata.

El documento elaborado detalla como a la corte FISA[85] fue intencionalmente dejada en la oscuridad sobre la fuente de la información contenida en los documentos con los que se solicitó la orden de espionaje aprobada en octubre de 2016.

Revela el documento del Congreso[86], que altos oficiales del FBI y DOJ firmaron las primeras y las subsecuentes renovaciones solicitadas. Incluida la última que firmó el actual subdirector del DOJ *Rod Rosenstein*, quien fue posteriormente nombrado en ese cargo por el presidente *Trump*.

En una instancia se reporta que el FBI y DOJ utilizaron un artículo de *Yahoo* noticias, basado en el documento en el documento *Trump* como evidencia externa para la aprobación una nueva orden FISA, sin haber verificado que esta información venía de la misma fuente.

El documento no detalla como fue usada posteriormente la orden FISA aprobada.

Lo escrito anteriormente, no deja duda del abuso de poder de la administración *Hussein Obama* y los funcionarios por el nombrados.

Después de aprobada la primera orden FISA cientos o miles de ciudadanos norte americanos fueron investigados ilegalmente, por miembro de la alta jerarquía de la entonces administración *Obama*.

Además, se dio inicio a una campaña filtración ilegal de información de inteligencia por miembros del gabinete, FBI, DOJ, CIA la que pretendían sirviera para volver la opinión publica en entonces candidato y luego presidente *Donald Trump*. Esta actividad continua el espionaje, las fugas de información buscan deslegitimarlo como presidente.

El 20 de enero del 2017 tomó posesión *Donald Trump*, vivimos el mes de marzo 2018, 14 meses ha trascurrido y es evidente ahora que el nuevo gobierno ha tomado la ofensiva y poco a poco toma el control del gobierno corrupto de su antecesor.

A medida que el tiempo avanza van quedando al descubierto la trama que en su contra y la voluntad del pueblo norteamericano se lleva adelante por globalitas y corruptos de ambos partidos, trama que de haber ganado la señora *Clinton* hubiese quedado oculta.

La cúpula de FBI está siendo desmantelada, el director[87] fue despedido, luego el agente jefe de contra inteligencia Peter Strzok, la abogada del FBI Lisa Page[88], El agente Ohr y su esposa[89] quien trabaja para *FUSION GPS* es también removido de sus funciones y finalmente el viernes 16 es despedido, el subdirector del FBI[90].

Posiblemente le sigan los dos directores del DOJ de *Hussein Obama Erick Holder[91] y Loretta Lynch[92]* y quien sabe si el siguiente acusado será el mismo expresidente.

Hillary Clinton y su esposo el expresidente *Clinton*[93], están siendo investigados por lavado de dinero y por recibir dinero a cambio de servicios, los que recibieron a través de la Fundación *Clinton*[94]. Además *Hillary* esta siendo investigada de nuevo, por la muerte del embajador en Benghazi[95], la venta del 20 % de uranio norte americano a la Federación Rusa[96] y el involucramiento en el pago por los documentos falsos que sirvieron para solicitar las órdenes FISA. Otras investigaciones se llevan adelante y personeros de la administración anterior que se mantenían empleados en el DOJ[97] ahora renuncian.

Durante un año y dos meses, la administración *Trump* consolida más poder y descubre la ficticia trama en su contra.

No me cabe duda de nada se hace de forma apresurada y esto da buenos resultados.

El logro de que Corea del Norte[98] desee negociar es importante. El despido del Secretario de Estado *Rex Tillerson* y el nombramiento del exdirector de a CIA como Secretario de Estado[99] tiene repercusiones internas y mundiales. Y una mujer pasa a liderar por primera vez la nueva CIA.

Bien este es solo un resumen de lo acontece con el combate la corrupción en EE. UU.

Lamentable es que, en otros países como ejemplo en El Salvador, los periódicos no den cobertura a estos temas y no lo hacen pues ellos sirven a los mismos intereses globales quienes pretenden sostener el poder a través de amañar sistemas electorales para beneficio propio y no aceptan que el cambio viene.

Sin duda Carlos Callejas[100] candidato presidencial salvadoreño, quien fue mal asesorado, estaba seguro del gane de la señora *Clinton* y por ello su empresa contribuye a la Fundación *Clinton* y eso a cambio le permite aparecer fotografiado con el expresidente *Bill Clinton, Frank Giustra* y Carlos Slim creyendo con esto asegurar el apoyo a su candidatura de la primera mujer presidente de EE. UU. lastimosamente la victoria fue de *Donald Trump* y este se convirtió en el presagio de su derrota y perdida del dinero donado pues no ayudo a nadie

La ley del Karma siempre es justa.

LA CORRUPCIÓN GLOBAL, ¿SE VIENE ABAJO?

lunes, 26 de marzo de 2018

La corrupción global ¿se viene abajo?

¿Es esta, una broma?

Pasados más 60 años de vida, el que esta estructura que ha manoseado y jugando con los destinos de los pueblos del mundo se venga abajo no parece ser posible.

Pero revisemos acontecimientos recientes, qué dan indicios de que se están dando cambios, muchos en lejanos países y algunos que quizá no parecen tener relación con el tema y que sobre todo en gran porcentaje la prensa local no se refiere a ellos.

A continuación, algunos de los sucesos que nos confirman que una Nueva Era, se vislumbra en el horizonte:

1. El Reino Unido, tras el referéndum *BREXIT* decide abandonar la UE[101]

2. *Donald Trump*[102], es electo presidente de los EE. UU.

3. 21 diciembre 2017 el presidente de los EE. UU., firma la Ley *Magnitsky*[103], la que incluye los 14 más indeseables del mundo y le otorga poderes extraordinarios. (salvadoreños, aparecen en un documento adicional de más de 2000 páginas)

4. Pruebas de corrupción[104] se acumulan en contra de funcionarios de la pasada administración del Departamento de Justicia y el FBI

5. La corrupción en EE. UU., involucra exjefes de cuerpos de inteligencia *Brennan y Clapper*[105].

6. Miles de millones se pierden en el Pentágono[106]. Por primera vez se lleva acabo una auditoría.

7. Se reabre caso Rápido y Furioso[107] venta de armas a cárteles de la droga

8. Se reabre caso *Bengasi*[108], en el que embajador de EE. UU., es asesinado por terroristas islámicos, *Hillary Clinton* como secretaria del Departamento de Estado es responsable.

9. La Fundación *Clinton*[109] bajo investigación de lavado de dinero, trafico de niños y favores a cambio de donaciones.

10. Se reabre el caso *URANIUN ONE*[110] los *Clinton* y numerosos altos ejecutivos del gobierno de Hussein Obama y el propio expresidente están involucrados en la venta del 20 % de producción de uranio norte americano a la Federación Rusa.

11. Arabia Saudí, príncipes y ministros[111] sauditas multimillonarios a prisión.

12. Francia, el expresidente y reciente candidato a la reelección *Nicolás Sarkozy*[112] esta siendo acusado de corrupción financiera como parte del clan *Clinton*.

13. Pakistán, noviembre 2017 *Nawaz Sharif*[113] ex primer ministro en dos ocasiones, fue obligado a renunciar y enfrenta cargos por corrupción.

14. Corea del Sur, *Park Geun-hye*[114], expresidente quien fue depuesto como presidente el año pasado enfrenta una sentencia de 30 años.

15. Perú, renuncia presidente *Pedro Pablo Kuczynki*[115], es acusado de recibir dinero de la empresa brasileña Odebrecht.

16. América Latina, a la vanguardia de la corrupción[116], nadie parece escapar a la nueva tendencia que lentamente avanza.

17. La UE, no se queda atrás. Los gobiernos[117] de estos países lideran el desfalco a sus pueblos. También hay gobiernos en el mundo, transparentes a los que debemos tomar como ejemplo.

Bien, esta es la realidad que se vive hoy en el mundo; independientemente de si la conocías o no, se está dando y es por está razón de que mantengo la ESPERANZA de que ese estornudo en los EE. UU., y la UE, llegue como gripe a El Salvador y los corruptos sean procesados y condenados por sus crímenes.

¡Los salvadoreños nos merecemos mejores gobiernos y un futuro próspero! Debemos sentirnos orgullos de ser salvadoreños de nuevo.

Es fundamental en el país el cambio de las corruptas élites que deciden sobre nuestra democracia. El poder es nuestro, de los ciudadanos; no de quienes por tener dinero se abrogan el derecho de burlar nuestra voluntad.

La corrupción en nuestra patria como puedes apreciar es solo una imitación burda de esa corrupción mundial que ahora retrocede. Pero que tampoco debes subestimar pues es poderosa, es capaz de quitar la vida con tal de mantenerse en su falso pedestal; pero somos más los que deseamos un país prospero y libre de corruptos.

No es fácil la batalla que ahora se libra, tendrá reveces y satisfacciones, pero finalmente, la verdad el sentido común y la unidad de un pueblo orgulloso, de sus raíces se van a erguir triunfadores sobre las sombras que hoy no deja ver nuestra luz.

A los salvadoreños unidos por el bien común, no existe fuerza en el mundo que nos impida brillar como el faro de pacífico nuevamente. Desunidos, conocemos el sufrimiento.

LA CORRUPCIÓN ¿ES UN CUENTO DE HADAS?

martes, 24 de abril de 2018

Resulta ahora que los políticos corruptos en las altas esferas de *Washington* han llegado a cuerdos con empresas de alta tecnología de *Silicón Valley*[118], para espiar los ciudadanos de mundo.

Los servicios de alta tecnología de estas empresas te permiten socializar, mostrar preferencias, dar a conocer tú familia, discutir diversos temás y dejar al descubierto tu pensamiento. Esta información desde el momento que tú la publicas deja de ser privada; a pesar de que ellos garantizan la privacidad y esto no es verdad.

Para la puesta en funcionamiento de estas empresas han recibido fondos, tecnología y condiciones impositivas favorables de parte del gobierno; por lo que están obligadas a servir a este gran patrocinador.

A ellas tienen acceso las entidades de inteligencia de los EE. UU., tu información se vende o se permite a una empresa designadas a utilizarla cuando de común acuerdo deciden que puede ser utilizada para influenciar una campaña política a favor del candidato que está involucrado en este sucio juego.

La semana pasada el Congreso de los EE. UU., interrogaba al CEO[119] de *Facebook*. Él ha sido el primero en declarar de otros acusados de violar la privacidad y de coartar la libertad de expresión y de ingresos en otros casos

A este señor de apellido *Zuckerberg*, no se le requirió declarar bajo juramento, posiblemente porque su empresa, financio las campañas políticas de más del 50 % de los miembros de ese cuerpo legislativo. Esto les da una idea de la influencia que estos dueños de empresas llegan a tener.

Ante las denuncias de usuarios, el gobierno actual se prepara para regular estas empresas, pues están abusando de su poder y restringiendo ingresos a quienes atacan a sus socios políticos e impidiendo la difusión de programas que difieren con sus ideas políticas.

Esto lo controlan a través de lo que llaman algoritmos, que son escogidos por la compañía y si los mensajes que tú transmites, contienen estos algoritmos, tú programa o canal es censurado, puesto fuera del aire y te es prohibido recibir patrocinio de empresas o donaciones de particulares.

En los EE. UU., en donde la libre expresión es ley, el que una empresa se tome atribuciones y decida que lo que tú dices es contrario a su pensamiento y evite que te expreses y recibas ingresos, no es concebible.

Pero es aquí en donde la necesidad de estar al día de lo que ocurre en el mundo es necesario. Estos grupos de poder que buscan instrumentar el Gobierno Mundial saben que su fin no tiene probabilidad de triunfar, si derechos como la libertad de expresión no se suprimen y de allí es que este tipo de oscuras alianzas surgen.

La verdadera información noticiosa, nos enseña como las compañías de alta tecnología *MSFT, Facebook, YouTube, Twitter, Amazon,* etc. Ha crecido aliadas con el Gobierno en la Sombra y han sido subsidiadas con dinero de contribuyentes a cambio de entregar información de sus usuarios: violando los derechos de privacidad a los que cada uno de nosotros en el mundo, tenemos y que deben ser respetados.

Pues, por si ¿no lo sabías?

A través de estas empresas también las agencias de seguridad de los EE. UU., obtienen, sin tener que llevar adelante un proceso legal, la información que por ley les es prohibido obtener; además de tu información obtienen la de tu familia y se vende o se permite a terceros utilizarla, lucrándose adicionalmente.

Como muestra de lo que sucede un par de ejemplos en estos enlaces: *Facebook*[120], *YouTube*[121],, *Google*[122] *Twitter*[123], en el caso de *Amazon*[124] una empresa que ha crecido y afectado a muchos negocios pequeños, ahora es de conocimiento publico que ha llegado a extraños arreglos con la oficina de correos de EE. UU. La empresa postal nacional pierde dinero y *Amazon* amasa enormes ganancias.

El primero en aparecer ante el congreso norteamericano ha sido: *Mark Zuckerberg* quien antes de ser descubierto al público el escándalo de *Cambridge Analytica*[125], venden millones de sus acciones junto a otros altos ejecutivos, evitando ser dañados por la baja de las acciones de Facebook al darse a conocer su corrupción. (*Este tipo acción les permite vender acciones a buen precio y luego al bajar las acciones de precio les permite comprar un mayor numero de ellas*)

Estos arreglos corruptos, con altos jerarcas de gobiernos permiten a estas compañías de "medios sociales y tecnología", se tomen el derecho de decidir además si lo que tú publicas es ofensivo o no. A decidir que ya no se te permitirán recibir las contribuciones que voluntariamente recibes por los servicios que prestas; esto atenta en contra de la libertad de expresión y los convirte en reguladores de lo que no está establecido en la ley.

Ellos son con la complicidad de un gobierno corrupto, jueces y parte del mundo globalizado.

Este abuso de hombres poderosos que violan derechos fundamentales no debe tolerarse[126].

Esperamos que pronto se apliquen la legislación que evite el que nuestros derechos sean violados[127].

[1] www.contrapunto.com.sv/autor/21

[2] http://www.contrapunto.com.sv/opinion/tribuna/la-eliminacion-de-la-corrupcion-en-washington-d-c/5997

[3] http://www.contrapunto.com.sv/opinion/columnistas

[4] http://contrapunto.com.sv

[5] https://es.wikipedia.org/wiki/Fin_de_la_Segunda_Guerra_Mundial_en_Europa

[6] https://es.wikipedia.org/wiki/Anexo:Conflictos_bélicos_del_siglo_XX

[7] tps://www.youtube.com/watch?v=iv82wjqDnCw

[8] https://es.wikipedia.org/wiki/Asesinato_de_John_F._Kennedy

[9] https://es.wikipedia.org/wiki/Intento_de_asesinato_de_Ronald_Reagan

[10] http://rpp.pe/mundo/actualidad/que-motivo-la-construccion-y-la-caida-del-muro-de-berlin-noticia-740590

[11] https://es.wikipedia.org/wiki/Disolución_de_la_Unión_Soviética

[12] https://es.wikipedia.org/wiki/Pacto_de_Varsovia

[13] https://es.wikipedia.org/wiki/Reforma_económica_china

[14] https://actualidad.rt.com/actualidad/197397-odiados-guerras-presidencia-obama

[15] https://es.wikipedia.org/wiki/Guerra_del_Golfo

[16] https://actualidad.rt.com/actualidad/228115-legado-barack-obama-mandato

[17] https://es.wikipedia.org/wiki/Globalización

[18] https://www.infodefensa.com/mundo/2015/06/25/noticia-gasto-militar-paises-sigue-debajo-recomendado.html

[19] https://es.wikipedia.org/wiki/Disolución_de_Checoslovaquia

[20] http://www.uca.edu.sv/publica/eca/585art1.html

[21] https://es.wikipedia.org/wiki/Gran_Recesión

[22] https://www.citibank.com/icg/sa/latam/el-salvador/

[23] https://es.wikipedia.org/wiki/HSBC_Bank_(El_Salvador)

[24] https://www.diariocolatino.com/salvadorenos-lavan-mas-de-88-millones-a-traves-del-banco-hsbc/

[25] https://elpais.com/internacional/2017/01/23/estados_unidos/1485184656_242993.html

[26] https://www.elmundo.es/elmundo/2005/11/06/internacional/1131238186.html

[27] https://es.wikipedia.org/wiki/Historia_electoral_de_Hillary_Clinton

[28] https://en.wikipedia.org/wiki/Mainstream_media

[29] https://www.telesurtv.net/news/Rusia-dice-que-hay-pruebas-de-que-EE.UU.-y-OTAN-apoyan-a-Daesh-20171116-0012.html

[30] https://www.hispantv.com/noticias/siria/59160/gobierno-sirio-confirma-peticion-de-ayuda-militar-a-rusia

[31] https://www.politico.com/story/2015/06/donald-trump-2016-announcement-10-best-lines-119066

[32] https://www.semana.com/mundo/articulo/eleccionee-en-ee-uu-trump-vence-en-indiana-y-se-alista-para-nominacion-republicana/472256

[33] http://publications.europa.eu/webpub/com/factsheets/migration-crisis/es/

[34] https://es.wikipedia.org/wiki/Atentado_de_Niza_de_2016

[35] http://www.elmundo.es/internacional/2016/02/20/56c85a2146163f292c8b45a8.html

[36] https://es.wikipedia.org/wiki/Partido_de_la_Independencia_del_Reino_Unido

[37] https://www.bbc.com/news/uk-england-36108184

[38] https://www.eitb.eus/es/noticias/internacional/detalle/4888641/elecciones-britanicas-reino-unido-7-junio-2017/

[39] https://elpais.com/internacional/2016/07/19/estados_unidos/1468957400_184505.html

[40] https://es.wikipedia.org/wiki/Escándalos_de_ventas_de_armas_en_Estados_Unidos_a_cárteles_mexicanos

[41] https://actualidad.rt.com/actualidad/view/53524-embajador-eeuu-libia-asesinado

[42] https://elpais.com/internacional/2018/01/05/estados_unidos/1515181451_455730.html

[43] http://www.lavanguardia.com/internacional/20150423/54430138788/hillary-clinton-negocio-minero-capital-ruso-uranio-millones-dolares.html

[44] http://www.milenio.com/internacional/Hillary_Clinton-Hillary_Clinton_instalacion_internet-FBI_instalacion_internet_0_567543331.html

[45] https://www.nytimes.com/2016/07/06/us/politics/hillary-fbi-email-comey.html

[46] https://www.foxnews.com/politics/trump-secures-victory-in-electoral-college-as-bid-to-flip-electors-flops

[47] https://www.elmundo.es/internacional/2016/11/09/5822fd31e5fdea50668b4694.html

[48] https://www.lanacion.com.ar/1741456-el-mapa-de-estados-unidos-tras-la-peor-derrota-de-los-democratas-en-la-era-obama

[49] https://wikileaks.org

[50] https://nypost.com/2017/08/15/new-report-claims-dnc-hack-was-an-inside-job-not-russia/

[51] https://www.efe.com/efe/america/sociedad/wikileaks-ofrece-una-recompensa-sobre-el-asesinato-de-un-empleado-democrata-en-ee-uu/20000013-3009718

[52] https://actualidad.rt.com/actualidad/221089-clinton-wikileaks-correos-tanda-claves

[53] https://www.theguardian.com/us-news/2017/oct/30/tony-podesta-democrats-trump-russia-mueller

[54]   https://www.independent.co.uk/news/world/americas/christopher-steele-donald-trump-russia-allegations-mi6-intelligence-latest-a7522786.html

[55]   https://www.foxnews.com/politics/fusion-gpss-ties-to-clinton-campaign-russia-investigation-what-to-know

[56] https://www.justice.gov/dag/staff-profile/meet-deputy-attorney-general

[57] https://www.20minutos.es/noticia/3040225/0/robert-mueller/

[58]   https://www.washingtonpost.com/business/economy/trump-administration-cancels-hundreds-of-obama-era-regulations/2017/07/20/55f501cc-6d68-11e7-96ab-5f38140b38cc_story.html?noredirect=on&utm_term=.38a016a91afd

[59]   https://actualidad.rt.com/opinion/john-ackerman/229338-fin-tratado-libre-comercio-eeuu-mexico-trump

[60]   https://elpais.com/internacional/2017/06/01/estados_unidos/1496342881_527287.html

[61]   https://www.infobae.com/america/eeuu/2017/10/13/trump-puso-fin-a-los-subsidios-fundamentales-para-el-funcionamiento-de-obamacare/

[62] https://www.eleconomista.com.mx/economia/Reforma-fiscal-en-EU-en-vigor-desde-enero-del-2018-20171217-0075.html

[63] http://cnnespanol.cnn.com/2018/02/12/trump-revelara-un-plan-de-infraestructura-lo-que-debes-saber/

[64]   https://www.20minutos.es/noticia/3028940/0/trump-visitara-vaticano-israel-arabia-saudi-en-primer-viaje-exterior/

[65] https://www.infobae.com/america/mundo/2017/12/06/las-cinco-claves-para-entender-el-traslado-de-la-embajada-de-estados-unidos-en-israel-a-jerusalen/

[66]   https://www.pulzo.com/economia/empresas-china-ee-uu-firman-acuerdos-por-us-9000-millones-PP382843

[67] http://cadenaser.com/ser/2017/05/25/internacional/1495730502_337085.html

[68] https://www.dw.com/en/apec-donald-trump-stresses-ties-with-asia-pacific-but-calls-for-better-trade-deals/a-41323594

[69]   https://www.thesun.co.uk/news/5424498/donald-trump-davos-meeting-latest-welcome-arrival/

[70] https://www.univision.com/noticias/elecciones-2016/bill-clinton-se-despide-de-su-fundacion-con-imagine-elegid-la-reconciliacion-y-no-el-enfado

[71]   https://www.nacion.com/el-mundo/politica/influyente-republicano-se-aparta-de-investigacion-sobre-papel-de-rusia-en-elecciones-de-estados-unidos/Q2SSH2SKKFG-KLE2XJXYBLPTRAU/story/

[72]   https://www.voanoticias.com/a/donna-brazile-hillary-clinton-nominacion-partido-democrata-eeuu/4098297.html

[73]   https://www.whitehouse.gov/presidential-actions/executive-order-blocking-property-persons-involved-serious-human-rights-abuse-corruption/

[74] https://www.bbc.com/mundo/noticias-42420498

[75]   https://mx.usembassy.gov/es/discurso-del-presidente-donald-j-trump-sobre-el-estado-de-la-union/

[76]　　　　　　　　　https://elpais.com/internacional/2018/02/02/estados_unidos/1517600554_039645.html

[77] https://www.grassley.senate.gov/news/news-releases/grassley-graham-uncover-unusual-email-sent-susan-rice-herself-president-trump-s

[78]　https://es.wikipedia.org/wiki/Tribunal_de_Vigilancia_de_Inteligencia_Extranjera_de_los_Estados_Unidos

[79]　https://www.clarin.com/mundo/unidos-diputados-aprueba-acuerdo-presupuesto-desbloquea-cierre-gobierno_0_Syo_hei8M.html

[80] https://www.foxnews.com/politics/13-russian-nationals-indicted-for-interfering-in-us-elections

[81]　https://www.univision.com/noticias/politica/texto-completo-del-polemico-memo-que-trump-publico-contradiciendo-al-fbi-en-espanol

[82] actualidad.rt.com-opinion - Nagham Salman - 26-08-2012

[83] https://www.youtube.com/watch?v=aDULJM-Lbd4

[84] Univisón noticias. 02 – 02 – 2018 Quien es Carter Page, el protagonista del memo con el que los republicanos buscan desacreditar la investigación del "Rusiagate"

[85]　https://www.independent.co.uk/news/world/americas/us-politics/fisa-what-is-foreign-intelligence-surveillance-act-are-privacy-issues-when-donald-trump-sign-a8168716.html

[86] http://www.bbc.com/mundo/noticias-internacional-42911962

[87] http://www.newsweek.com/trump-fired-james-comey-fbi-agents-response-799834

[88]　https://www.washingtontimes.com/news/2018/sep/10/peter-strzok-lisa-page-conspired-leak-anti-trump-s/

[89]　https://www.foxnews.com/politics/fusion-gps-admits-doj-officials-wife-nellie-ohr-hired-to-probe-trump

[90] http://www.elfinanciero.com.mx/mundo/a-dos-dias-de-su-retiro-despiden-a-exsubdirector-del-fbi-trump-aplaude-decision

[91]　https://www.proceso.com.mx/490125/acusan-al-exfiscal-eric-holder-encubrir-la-operacion-rapido-furioso

[92] Univisión – Política - La "inapropiada" reunión de Bill Clinton con Loretta Lynch que cuestiona la investigación de los emails 30 – 06 – 2016

[93]　http://freebeacon.com/politics/bill-clinton-paid-500000-speak-russia-hillary-opposed-state-dept-sanctions/

[94] La Opinión – Por redacción – 05 -01 – 2018 FBI reabre investigación contra Fundación Clinton

[95] RT Portada – Actualidad – "No tienen alma": un superviviente de Bengasi desvela la verdad sobre Hillary Clinton

[96] http://Panamw.elnuevoherald.com/noticias/estados-unidos/article193218849.html

[97]　https://www.politico.com/story/2018/02/09/rachel-brand-leaving-justice-department-402074

[98] Perfil – Internacional – Singapur – 11 – 06 – 2018 Histórica cumbre entre EE. UU. y Corea del Norte

[99] El País – New York. 18 – Nov – 2016 – Mike Pompeo, fustigador dxe Hillary Clinton para la CIA

[100] http://ultimahora.sv/cuidado-con-los-amigos-de-carlos-calleja-primer-entrega/

[101] https://www.bbc.com/mundo/noticias-internacional-39257715

[102] http://www.elmundo.es/internacional/2016/02/10/56bac5fee2704e13198b463f.htm

[103] https://elmundo.sv/que-es-la-ley-magnitsky-de-eeuu-que-castiga-a-corruptos-y-criminales-en-todo-el-mundo/

[104] El País – Madrid – 28 nov -2010 – La mayor filtración de la historia deja al descubierto los secretos de la política exterior de EE. U U.

[105] https://twitter.com/davenyviii/status/844769665008091136?lang=es

[106] https://actualidad.rt.com/actualidad/259775-pentagono-primera-auditoria-historia-preci

[107] https://aristeguinoticias.com/2006/mexico/rapido-y-furioso-la-cronologia-del-escandalo/

[108] https://aristeguinoticias.com/2006/mexico/rapido-y-furioso-la-cronologia-del-escandalo/

[109] Libre Mercado – Patricia Malagón - 2018 – 11- 27 Las donaciones a la Fundación Clinton se hunden un 90 % tras la derrota de Hillary

[110] HIPANTV 18 – OCT – 2017 – América del Norte – EE. UU. – FBI no impidió acuerdo Uraniun One-Rosaton gracias a soborno

[111] https://www.bbc.com/mundo/noticias-internacional-42881274

[112] https://disobedientmedia.com/2018/03/opinion-sarkozy-indicted-for-corruption-as-clinton-cabal-crumbles/

[113] CNN World – December – 24 – 2018 Former Pakistan PM Sharif jailed again for corruption

[114] France 24 Corea del Sur – 24 – 08 – 2018 Elevan condenapor corrupción a expresidenta de Corea del Sur.

[115] https://www.infobae.com/america/america-latina/2018/03/21/renuncio-el-presidente-de-peru-pedro-pablo-kuczynski/

[116] https://cnnespanol.cnn.com/2017/07/13/el-mapa-de-los-presidentes-acusados-de-corrupcion-en-america-latina/

[117] https://www.larazon.es/espana/quince-paises-de-la-ue-tienen-mas-casos-de-cor-GX3145901

[118] https://www.libremercado.com/2018-02-21/empresarios-de-derechas-abandonan-silicon-valley-hartos-del-pensamiento-izquierdista-de-sus-elites-1276614147/

[119] E & N – 2018 – 04 -11 CEO de Facebook duramente cuestionado por uso de información persona. Por AFP

[120] https://www.univision.com/noticias/rusiagate/un-alto-ejecutivo-de-facebook-abandonara-la-empresa-en-medio-de-escandalo-de-seguridad

[121] https://www.emol.com/noticias/tecnologia/2014/04/25/657136/renuncia-alto-ejecutivo-a-cargo-de-las-redes-sociales-de-google.html

[122] https://hipertextual.com/2018/04/ggoogle-empleados-pentagono-inteligencia-artificial

[123] https://www.milenio.com/estilo/otro-alto-ejecutivo-de-twitter-deja-la-empresa

[124] https://www.elfinanciero.com.mx/empresas/trump-exige-al-servicio-postal-de-eu-cobrar-mas-a-amazon-por-envios

[125] https://www.bbc.com/mundo/noticias-43472797

[126] https://www.excelsior.com.mx/global/regulacion-de-redes-sociales-es-inevitable-zuckerberg/1231960

[127] http://theconversation.com/online-abuse-on-facebook-and-twitter-cant-be-solved-by-regulation-alone-89270

www.ingramcontent.com/pod-product-compliance
Lightning Source LLC
Chambersburg PA
CBHW051420250726
48655CB00003B/1145